1241.

CHAMBRE DE 1815.

Que la Chambre de 1815 soit depuis trois ans le but des attaques d'un certain parti; qu'il ne se passe pas une semaine, qu'il ne s'imprime pas un pamphlet révolutionnaire où cette Chambre ne trouve sa part d'injures, c'est tout simple : elle vouloit réunir tout ce qui pouvoit soutenir le trône; elle tendoit à créer toutes les institutions qui devoient le protéger contre une révolution nouvelle; en un mot, elle étoit monarchique : ce n'étoit pas là ce qu'il falloit aux révolutionnaires. Mieux que personne ils connoissent le bien que pouvoit faire une telle Chambre : la manière dont ils la poursuivent en est la preuve; le mal qu'ils en disent est son plus grand éloge. Aussi n'est-ce pas à eux que s'adresse le précis que nous allons tracer : nous n'avons rien à leur apprendre. Mais il est des personnes qui ont pu ou ne pas suivre les discussions de 1815, ou les oublier, et qui, induites en erreur par de journalières déclamations, ne demandent pas mieux cependant que de voir la vérité où elle est, et qui sont faites de cœur et de sentiment pour penser et marcher comme les hommes dont on les l'Etat, trouvoit sa place après les cent-jours ; et tout changement, qui seroit dangereux et illégal dans un temps ordinaire, pouvoit paroître urgent après une aussi funeste crise.

Vouloir donc ou modifier ou changer alors certains articles de la Charte, étoit une chose très-possible, très à sa place pour des députés convoqués et appelés pour cela.

Examinons maintenant quels ont été les actes de la Chambre de 1815.

Dans notre forme de gouvernement, deux sortes d'actes appartiennent à la Chambre des Députés : 1°. ceux qui lui sont exclusivement propres, par l'exercice du droit que lui donne la Charte pour des propositions particulières ; 2°. ceux qui résultent de l'approbation qu'elle donne aux projets présentés par les ministres. Nous jugerons la Chambre de 1815 sur ces deux attributions différentes ; mais auparavant il est nécessaire de poser quelques principes, que je ne pense pas être sujets à contestation.

Une Chambre de Députés ne peut être responsable, ne peut être traduite au tribunal de l'opinion que pour ce qu'elle a décidé à la majorité des voix : l'attaquer collectivement en masse, sur les discours de quelques uns de ses membres, seroit de la plus grande injustice ; car il y a liberté entière d'opinion à la tribune, et l'opinion individuelle de quelques hommes ne peut constituer un résultat, là où une majorité est forcément nécessaire pour l'obtenir. L'opinion individuelle n'est donc rien, et l'opinion de la majorité peut seule emporter une responsabilité.

Une Chambre de Députés n'administre point, ne gouverne point. Ses actes n'ont d'effet hors de la Chambre qu'autant qu'ils deviennent lois; et, pour qu'ils deviennent lois, il faut qu'ils soient approuvés par la Chambre des Pairs et sanctionnés par le Roi. La Chambre des Députés ne peut donc rien par elle seule; par conséquent, si celle de 1815 a pu faire quelque chose, elle ne l'a fait qu'appuyée, soutenue par une Chambre des Pairs de 1815, et par un ministère de 1815 qui auroit conseillé au Roi de sanctionner ses actes. Dès lors comment la Chambre des Pairs n'a-t-elle pas sa part du blâme? Comment les ministres, qui n'ont pas représenté au Monarque toutes les suites des projets qu'ils l'engageoient à sanctionner, ne sont-ils pas responsables des conséquences? Comment les attribue-t-on exclusivement à ces hommes dont ces mêmes ministres sont venus solliciter et réclamer le concours? Quand toutes les mesures, qui font aujourd'hui le sujet d'accusations tant répétées, seroient toutes sorties du sein de la Chambre, au lieu d'être le fait du ministère, il ne resteroit aucune excuse pour les ministres qui les auroient laissé sanctionner par le Roi ; car, je le répète, la Chambre des Députés ne peut rien par elle-même, et je ne connois qu'une circonstance où ses résolutions pourroient peut-être entraîner ou changer celles d'un ministère : ce seroit le cas où elles seroient l'expression de l'opinion publique bien prononcée. Je ne pense pas que le ministère soit tenté de chercher une excuse dans cette hypothèse, et qu'il veuille convenir que ce fut là la force de la Chambre de 1815 : les conséquences de ce principe seroient fâcheuses pour le système qu'il a adopté depuis.

Actes particuliers à la Chambre de 1815.

Je ne parlerai ici que des propositions qui pouvoient avoir un but politique.

M. Hyde de Neuville fit une proposition (1) tendante à réduire le nombre des tribunaux, et à suspendre pour une année l'institution royale des juges. Les motifs de réduction des tribunaux se trouvoient dans la nécessité de faire toutes les économies possibles, et dans l'opinion que les procès se multiplient à raison de la quantité des tribunaux.

---

(1) Séance du 3 novembre 1815.

La suspension momentanée de l'inamovibilité des juges avoit pour base le désir de donner au Roi, après tant de troubles, plus de moyens de distinguer les bons juges des mauvais; et, en cela, on donnoit au Roi une augmentation de pouvoir également avantageuse au Monarque et au peuple : avantageuse au Monarque, qui a le plus grand intérêt à ce que le dépôt de sa justice soit entre des mains pures; avantageuse au peuple, dont toutes les garanties reposent sur l'intégrité des magistrats.

Cette proposition, accueillie à la Chambre des Députés, fut repoussée à la Chambre des Pairs, et n'eut ainsi aucune suite. On peut en conclure que la Chambre des Députés ne déterminoit pas à elle seule le système suivi à cette époque; et on remarquera que le ministère, qui s'opposa alors à ce que l'inamovibilité des juges fût suspendue pendant un an, n'a lui-même donné l'institution royale à différens juges qu'au bout de trois ans, et que nous voyons journellement, dans le *Moniteur*, la nomination de cours judiciaires qui n'avoient pas encore été instituées.

Le 14 décembre, M. Michaud fit une proposition *tendante à voter des remerciemens à tous ceux qui avoient défendu le Roi et la royauté lors de la fatale révolution du 20 mars, et pendant l'interrègne.*

La Chambre passa à l'ordre du jour, motivé sur ce que, S. A. R. Monsieur ayant refusé le témoignage de reconnoissance et de respect que la Chambre des Pairs se proposoit de voter à S. A. R. Mgr le duc d'Angoulême, la Chambre des Députés ne pouvoit accorder aucune mention honorable à aucun Français ; motivé en outre sur ce que la grande majorité des Français s'étant montrée fidèle, la Chambre ne pouvoit mentionner ceux qui avoient fait leur devoir pendant l'interrègne.

Le 21 décembre, il fut fait (1) une proposition tendante à ce que les évêques et curés fussent autorisés à recevoir toutes donations qui pourroient leur être faites par des particuliers, pour l'entretien du culte, de ses ministres, des séminaires, ou de tout autre établissement ecclésiastique.

Accueillie à la Chambre des Députés, modifiée par celle des Pairs, cette proposition donna lieu à une loi.

Le 22 décembre, M. de Blangy fit une proposition tendante à supplier le Roi de faire proposer une loi pour l'amélioration du sort des ecclésiastiques, et la suspension totale de toute pension dont pouvoient jouir des prêtres mariés, et ceux qui avoient volontairement abandonné le sacer-

---

(1) Par M. Castelbajac.

doce. Cette proposition, adoptée à la Chambre des Députés, fut approuvée par celle des Pairs; mais elle ne donna pas lieu à une loi.

Le 26 décembre, M. de Bonald fit une proposition pour l'abolition du divorce. Approuvée par les deux Chambres, cette proposition fut convertie en loi par la volonté royale.

Le 8 janvier 1816, M. de Lachèze-Murel proposa de supplier le Roi de rendre aux curés et desservans la tenue des registres de l'état-civil, tant dans l'intérêt des mœurs que dans celui de l'existence des particuliers. Cette proposition n'eut pas de suite.

M. de Kergorlay fit une proposition relative à la responsabilité des ministres. La fin de la session empêcha que cette proposition fût discutée. Une commission avoit été nommée pour en faire le rapport.

Voilà tous les actes particuliers à la Chambre de 1815, qui peuvent avoir quelque importance politique, les seuls dont quelques uns ont été portés au pied du trône. Tout homme impartial jugera facilement si c'est pour ces actes qu'elle mérite l'anathème prononcé contre elle, et décidera quelle route elle devoit suivre pour être approuvée.

Après vingt-cinq ans de troubles et de déchíremens, une Chambre destinée, en apparence, à cicatriser les maux de son pays, et qui en appelle à tous les sentimens d'ordre, de religion et d'honneur, peut-elle être soupçonnée d'avoir agi en sens inverse des principes qui font le bonheur des peuples? En cherchant, par les mêmes moyens, à consolider le trône, à donner au Roi tout l'appui que le gouvernement réclamoit d'elle, à maintenir en même temps toutes les libertés publiques, peut-elle être accusée d'avoir porté la crainte dans le cœur de ses compatriotes? Elle devoit d'autant moins le redouter que toutes les mesures qui vinrent d'elle furent dictées par le calme et la modération; et l'on en vit la preuve lorsque, précédemment à la loi d'amnistie, elle refusa de s'occuper de deux propositions de même nature, qui lui furent faites par deux membres de la Chambre. Elle crut devoir, dans une circonstance de cette importance, attendre que le gouvernement lui-même proposât ce qui lui paroîtroit convenable.

Mais, répète-t on sans cesse, on voyoit, dans l'esprit, dans les intentions de cette Chambre, le désir ardent que toutes les administrations fussent épurées; et cet esprit réformateur a porté partout des inquiétudes. Que la bonne foi me réponde : quel est le Français, dévoué à son pays, qui, après l'expérience du 20 mars, pouvoit ne pas désirer que les dépositaires de l'autorité royale fussent des hommes purs et intègres? Quelle garantie un système contraire pouvoit-il offrir au repos de la France? Et si ce désir d'épuration n'eût pas été celui de la Chambre, elle eût appris que c'étoit celui de la France, par le gouvernement lui-même, lorsque l'on entendit le ministre des relations extérieures s'exprimer ainsi à la tribune, dans son discours sur le projet de loi d'amnistie :

« Tous les Français seront rassurés quand ils verront
» désormais les emplois publics confiés à des hommes
» éprouvés par leur intégrité, leurs lumières, et surtout
» par leur dévouement au Roi et à la patrie. »

Si la Chambre fut irréprochable de trop d'ardeur dans les actes qui lui étoient particuliers, nous allons voir si elle mérite le blâme pour ceux qui lui furent demandés par le ministère.

Propositions du Ministère.

Un projet de loi sur la Cour des comptes fut apporté par M. le garde des sceaux. La Chambre en démontra les vices; elle crut trouver de l'inutilité dans l'existence de la Cour des comptes : le projet de loi fut rejeté.

Le ministère vint apporter un projet de loi d'amnistie. Par ce projet, la Chambre étoit appelée à décider de la destinée de trente-huit personnes portées sur la seconde liste de l'ordonnance du 24 juillet. Elle refusa de se constituer juge de ces hommes; elle déclara ne pouvoir exercer que des fonctions législatives, et qu'il ne lui appartenoit pas de se transformer en tribunal pour prononcer ou un jugement d'exil, ou même une déportation éventuelle, pour prononcer une peine contre des hommes pour la plupart à elle inconnus. « Qui de » nous, s'écrioit alors M. de Bouville (1); qui de » nous, en s'approchant de l'urne pour y déposer » la boule fatale, oseroit prononcer la formule » des jurés : *Sur mon honneur et sur ma cons-* » *cience, devant Dieu et devant les hommes, oui,* » *les trente-huit individus sont coupables?* Quant » à moi, je déclare, sur mon honneur et sur ma » conscience, que je l'ignore. » Ce sentiment fut partagé par la majorité de la Chambre. En vain cette opinion fut combattue par différens orateurs qui soutenoient le projèt du gouvernement. En vain M. Pasquier disoit-il :

« Je conçois (2) que des hommes éloignés jusqu'ici des » fonctions auxquelles ils viennent d'être appelés, ne voient » pas sans effroi s'élever une question qui peut les con— » duire à prononcer sur le sort de quelques hommes ; » ils craignent de juger, parce qu'ils savent qu'ils n'en ont

---

(1) Il votoit avec la majorité.
(2) *Moniteur* du 4 janvier 1816.

» pas le droit. Je respecte ce sentiment et ces scrupules ;
» mais je demanderai à ceux qui les expriment et les
» éprouvent, s'ils ne sont pas forcés de convenir qu'il est
» des circonstances où il faut absolument punir, et où,
» cependant, il est rigoureusement impossible de juger :
» tel est le cas où nous nous trouvons. C'est ici une mesure,
» ou, si l'on veut que je m'exprime ainsi, *un coup d'Etat*.
» Qui le portera ? Le Roi ou les Chambres ? ou bien le
» Roi et les Chambres réunis? Ce que le Roi eût pu faire
» seul, par un seul acte de sa souveraineté, lui refuserez-
» vous de le faire conjointement avec les Chambres, lors-
» qu'il les admet si noblement au partage de cet acte de
» sa magnanimité toute royale ? »

La majorité de la Chambre persista à se décla-
rer incompétente, à laisser l'ordonnance du 24
juillet entièrement à la disposition du Roi, et je
ne pense pas qu'elle ait été guidée par un grand
esprit d'aigreur et de réaction, en s'en rapportant
à Sa Majesté pour la destinée de ceux dont on
vouloit la rendre juge.

Il fut proposé par la commission un amendement dont je devrois peut-être ne point parler,
puisqu'il ne fut pas adopté par la Chambre. Cependant on en a fait une arme si puissante contre
elle, on a tant parlé des catégories, ce mot est tel-
lement devenu un mot accusateur, que j'entrerai
dans quelques explications à cet égard.

J'observerai d'abord que la morale de la loi

étoit bien plutôt le but des amendemens, que la mesure pénale et la quantité d'hommes que l'on désiroit atteindre ; et c'est ici qu'il faut écouter le rapporteur de la commission lui-même, dans la séance du 6 janvier 1816 :

« La première classe (d'exception) comprend ceux qui
» ont été complices du retour de l'usurpateur, en corres-
» pondant avec lui ou ses agens, à l'île d'Elbe , pour lui
» en faciliter les moyens.

» La deuxième et la troisième classe exceptent ceux
» qui, avant le 23 mars, sont venus constituer le gou-
» vernement de l'usurpateur, en acceptant de lui les pre-
» mières fonctions civiles, et les préfets nommés par le
» Roi qui ont reconnu Buonaparte avant la même époque.
» On nous a demandé si ces hommes étoient plus cou-
» pables que ceux qui avoient commis les mêmes crimes,
» ou qui avoient eu les mêmes foiblesses depuis le jour
» que nous indiquons. Messieurs, c'est le Roi lui-même,
» qui, dans la déclaration de Cambrai, a fixé cette époque
» du 23 mars, jour où il a quitté Lille. Cela suffit pour
» nous dispenser de toute autre explication : sa haute
» sagesse n'a pas besoin de notre apologie. Ses motifs,
» d'ailleurs, sont palpables ; quant à nous, nous n'avons
» dû que les respecter.

» La quatrième classe excepte les maréchaux et les gé-
» néraux commandant une division ou sous-division mi-
» litaire qui se sont déclarés pour l'usurpateur avant son
» entrée à Paris.

» Pourquoi une autre époque que pour les fonction-
» naires civils? Parce que les militaires, habitués à l'obéis-
» sance passive sont, non pas excusables, mais moins cou-
» pables dans leur défection, lorsqu'elle n'a eu lieu qu'a-
» près l'occupation de la capitale.

» La cinquième classe regarde les généraux en chef qui
» ont dirigé leurs forces contre les armées royales.

» Leur crime a été, dit-on, de reconnoître Buona-
» parte ; après cette première démarche, ils n'avoient plus
» qu'à obéir : ils ne sont pas plus coupables que les
» autres.

» Contre ces futiles excuses, interrogez, Messieurs, la
» conscience de tous les Français : ils vous diront que
» c'est une audace indigne de pardon d'avoir tourné les
» armes françaises contre un prince dont la naissance,
» les malheurs et la bravoure devoient mériter le respect
» même de ses ennemis. Ils vous diront qu'on ne peut
» juger avec la même sévérité ceux qui n'ont combattu
» que contre les armées étrangères, et ceux qui ont fait
» couler le sang français.

» On vous avoit d'abord entretenus de l'excessive rigueur
» de nos amendemens. Seroit-ce le nombre des grands
» coupables dont nous proposons l'exception, qui donne-
» roit des alarmes? Il seroit facile de calculer ce nombre
» un Moniteur à la main, et en déduisant ceux qui se
» trouvent déjà portés sur les deux listes (du 24 juillet.)

» Et quelle mesure proposons-nous contre ces hommes?
» Celle de les mettre en jugement, parce que c'est la seule
» qui soit réservée par l'ordonnance du 24 juillet, mais
» avec cette précaution que la décision du Roi précédera

2

» la mise en jugement, pour apprécier les motifs qui
» peuvent l'exiger ou qui doivent l'empêcher. Il est fort
» inutile, d'après cela, de répéter que, parmi les hommes
» qui se trouveroient compris dans ces classes, il peut
» s'en trouver qui ne doivent pas être punis, et d'autres
» qui ne peuvent plus être jugés. Il seroit bien étrange
» qu'on reprochât, au nom du Roi, à notre amendement,
» de compromettre des hommes qui ne doivent pas l'être,
» lorsque cet amendement consiste à rendre le Roi arbitre
» de leur sort. Nous ne demandons autre chose, sinon
» qu'ils soient livrés à l'indulgent examen du Roi, avant
» de l'être aux sévères recherches de la justice. »

Voilà quelles étoient les catégories dont on a
tant parlé, et la manière dont elles étoient demandées; quant au nombre d'individus qui pouvoient être atteints, voici ce que disoit M. Feuil-
lant, dans la séance du 5 janvier.

« Les exceptions dont il s'agit désignent avec clarté, et
» désignent un très-petit nombre d'individus. M. le ministre
» de la police générale a fortifié cette assertion en vous
» déclarant, à cette tribune, que le nombre des personnes,
» atteintes par les amendemens de la commission, étoit
» moins grand qu'il ne le seroit en adoptant le projet
» de loi tel qu'il est présenté. »

Chacun, d'après cet exposé fidèle, sera à même
de juger ce qu'étoient les catégories, si elles
furent demandées comme vengeances, ou comme

désir d'assurer le repos; et on observera encore, après cela, qu'elles ne reçurent point l'assentiment de la majorité de la Chambre, et qu'elles furent rejetées par elle. Que la bonne foi juge et prononce.

On demanda le bannissement des régicides, qui, au mépris d'une grande clémence, auroient signé l'acte additionnel, ou pris de l'emploi dans les cent-jours. Cette demande fut adoptée. Portée à la Chambre des Pairs, on put remarquer la satisfaction qu'en éprouvoit le gouvernement, d'après la manière dont s'exprima le ministère, par l'organe de M. le duc de Richelieu, qui, dans la séance du 9 janvier, disoit :

« Messieurs, une chose fait croire à Sa Majesté que » la justice divine se fait entendre par la voix de son » peuple; c'est que l'expression de ce vœu a été, dans la » Chambre des Députés, le signal de la concorde, et que, » de ce moment, ont cessé même les dissentimens d'opi- » nion qui avoient éclaté dans les discussions. Témoins » de l'élan de toutes les âmes, dans la séance du 6 jan- » vier, nous croyons pouvoir dire que ce jour-là la Chambre » des députés a offert un spectacle digne des plus beaux » temps de la monarchie. »

Le bannissement des régicides, approuvé par la Chambre des Pairs, reçut la sanction royale. La morale des nations décidera si cette mesure fut

juste ; leur intérêt déterminera si elle étoit politique.

Le 16 octobre, M. le garde des sceaux (M. Barbé-
Marbois) proposa à la Chambre un projet de loi
sur la répression des cris séditieux et des provocations à la révolte.

« Nos lois anciennes et nouvelles, disoit M. le garde-
» des-sceaux, contiennent des dispositions suffisantes pour
» la répression de ces délits et de ces crimes, dans des
» temps de tranquillité, et lorsque aucune circonstance
» extraordinaire ne trouble l'ordre et la marche accoutu-
» mée du gouvernement. Mais si de grands attentats ont
» été commis ; si des lois ont été méconnues ; si la mul-
» titude paisible et désarmée a dû céder à la violence
» et aux armes ; si , pour sa propre conservation, le citoyen
» soumis aux lois a dû demeurer immobile devant des
» bandes séditieuses , sans discipline ; sans frein, réunies
» comme dernier soutien d'une faction au désespoir ; si
» le crime a joui, pendant quelque temps, de ses funestes
» triomphes, les calamités se prolongent, même quand ses
» succès ont été interrompus. *Alors les révoltés veulent à*
» *force d'audace regagner leurs avantages perdus ; les sé-*
» *ditieux s'excitent mutuellement, se cherchent, font des*
» *efforts pour être aperçus en tous lieux, à toute heure.*
» *Comme assurés d'une nouvelle victoire, s'ils parviennent*
» *à inspirer l'épouvante , ils s'associent tout ce que les*
» *armées ont rebuté avec indignation, et tous les crimi-*
» *nels que leur obscurité a pu soustraire à l'action des lois.*
» *Si la force publique arrête le cours de leurs desseins, ils*

» n'y renoncent point encore : ils ont recours aux discours
» injurieux, aux écrits calomnieux ; ils ont leurs signes,
» leurs mots de ralliement, et plus ils sont foibles par leur
» nombre, plus ils veulent paroître puissans à force de
» bruit et de mouvement. L'impunité les encourage ; plu-
» sieurs se montrent à face découverte ; et, quoique leur
» indiscrétion même trahisse leur foiblesse, il n'en est
» pas moins certain que leurs pratiques troublent l'ordre
» social, et l'intérêt public exige que leurs desseins tur-
» bulens et leurs détestables entreprises soient efficace-
» ment réprimés. »

» Il y a quelques hommes dont l'unique morale est la
» crainte des peines. C'est contre des coupables, la plu-
» part de cette espèce, que nos lois actuelles sont, à plu-
» sieurs égards, impuissantes,................. Les peines sont
» correctionnelles, parce qu'on a pensé que leur applica-
» tion immédiate, sans nuire à la justice, seroit encore
» plus efficace que leur gravité............... »

M. le baron Pasquier, dans son rapport sur le
projet de loi relatif à la répression des cris séditieux et des provocations à la révolte, disoit
(séance du 24 octobre 1815) :

.... « Je ne remettrai pas sous vos
» yeux le tableau de tout ce qu'ont de grave et de puis-
» sant les motifs qui ont décidé à vous présenter la loi
» que vous avez à examiner : M. le garde-des-sceaux ne
» m'a rien laissé à dire à cet égard. L'utilité, la néces-
» sité de lois fortement répressives, est généralement

» sentie : tout le monde voit et reconnoît le but qu'il

» importe d'atteindre, et il ne sauroit y avoir de discus-

» sion que sur les moyens d'y arriver plus promptement

» et plus sûrement. — Nous vivons dans ces temps pour

» lesquels l'histoire nous apprend qu'il a toujours été

» indispensable de renforcer la législation criminelle et

» pénale. A la suite des dissensions civiles, les hommes

» accoutumés aux tentatives hasardeuses, nourris d'espé-

» rances téméraires que n'ont que trop souvent justifiées les

» succès éphémères, à la vérité, des factions les plus cou-

» pables, ne peuvent plus être maintenus dans la ligne du

» devoir, par ces lois douces et paternelles exécutées avec

» des formes lentes et timides auxquelles, dans les temps

» ordinaires, on sait gré de la protection qu'elles accor-

» dent à la sûreté individuelle. Temps heureux ! Alors

» la société entière est émue pour la perte d'un seul indi-

» vidu, et ne croit jamais pouvoir prendre trop de pré-

» cautions pour garantir la tête même la plus coupable en

» apparence, contre l'erreur qui atteindroit un innocent.

» Mais il n'en est plus de même quand la société tout

» entière craint pour son existence, quand les crimes de

» quelques factieux lui ont appris que l'impunité d'un

» jour, d'un seul individu, pouvoit quelquefois entraî-

» ner la perte de tout un empire. Alors tout fait un devoir

» aux dépositaires de l'autorité publique, de chercher

» tous les moyens possibles de mettre l'Etat à l'abri d'un

» tel péril. Il faut que la loi veille plus assidument que le

» crime ; il faut que la peine soit proportionnée aux dé-

» lits ; il faut surtout que la promptitude de l'exemple

» inspire un effroi salutaire à ceux qui seroient tentés

» d'imiter le coupable qui vient de porter la peine de son
» crime..
» .... N'est-il pas juste en effet que celui qui
» a voulu déchirer le sein de sa patrie , renverser ses ins-
» titutions les plus sacrées, ébranler ce trône auguste sur
» lequel reposent toute la sécurité présente et toutes les
» espérances à venir, soit à jamais exclu de cette terre
» sur laquelle il est indigne de vivre, et aille consumer
» sous un ciel lointain cette vie qui ne lui a été donnée
» que pour le malheur de sa patrie et la honte des siens? »

Dans la séance du 18 octobre, M. de Cazes, ministre de la police, apporta un projet de loi relatif à des mesures de sûreté générale , et suspensif
de la liberté individuelle. Pour juger de la nécessité de cette loi, laissons parler le ministre lui-
même.

« Cette loi, disoit-il, a pour objet de donner à l'auto-
» rité chargée de veiller aux intérêts les plus saints de la
» société, à la sûreté de l'Etat et du trône, la force dont
» elle a besoin pour réprimer les grands coupables ; *pré-*
» *venir les attentats de ces hommes auxquels le remords*
» *est étranger, que le pardon ne peut ramener, que la*
» *clémence offense, que rien ne peut rassurer, parce qu'il*
» *est des consciences qui ne sauroient l'être ; que la jus-*
» *tice ne peut atteindre, parce que ses formes salutaires ,*
» *mais lentes, la rendent impuissante pour prévenir, très-*
» *souvent même pour réprimer.........*
» Nos maux ne vous sont-ils pas connus? Faut-il que nous

» en sondions avec vous la profondeur ? Ils sont grands,
» sans doute : le remède doit l'être autant qu'eux. Ils exi-
» gent des sacrifices proportionnés à leur étendue. Celui
» des droits sacrés de la liberté individuelle est immense ;
» mais, commandé par l'intérêt et la sûreté de l'Etat , il
» n'en sera pas un pour les citoyens fidèles qui n'y ver-
» ront qu'une garantie de la paix publique, sans laquelle
» la liberté civile est illusoire et vaine.

» Il ne sera un objet d'horreur et d'alarme que pour les
» factieux dont il éteindra les criminelles espérances.

» Celui qui ne fut qu'entraîné abjurera cette fausse
» doctrine, cette illusion fatale qui ne place la liberté que
» dans l'anarchie, la gloire que dans les ravages, les dé—
» vastations, le sang et les larmes.

» Mais en même-temps un cri d'alarme va être jeté par
» ceux-là qui savent bien qu'eux seuls en seront frappés,
» mais qui s'efforceront de faire partager leurs fureurs à
» tous ceux à qui ils voudroient faire aussi partager leurs
» funestes desseins.

» Tout sera perdu, à-les entendre, lorsque l'impunité
» ne leur sera plus assurée, et que l'autorité qui veille
» sur leurs machinations secrètes voudra percer l'obscu-
» rité qui les environne. Tout sera perdu quand l'Etat
» sera sauvé............

» Sans doute, Messieurs, la bonté du Roi est infinie ;
» mais son peuple, dont il est l'amour et l'orgueil, la
» réclame tout entière. Peut-il se montrer encore
» compatissant à l'excès après tant d'espérances trom—
» pées ?.......

» Il a promis de vouloir tout ce que veut l'intérêt

» de son peuple. Son peuple veut, avant tout, être
» sauvé........

» Si nous n'exagérons pas les dangers qui nous me-
» nacent, nous ne devons pas non plus les dissimuler.
» *Ils sont bien moindres par le nombre des factieux que*
» *par leur audace. Disons-le, toute leur force n'est que*
» *dans leur impunité ; ils attaquent le trône lui-même,*
» ils font voir à cette portion du peuple, trop facile à
» égarer, l'autorité du Roi incertaine et foible, hors
» d'état de punir, hors d'état de réprimer........

» L'impuissance à laquelle leur rage a été réduite de-
» puis la chute de l'usurpateur, loin de se modérer, n'a
» fait que s'accroitre de tout ce que les malheurs publics
» et privés pouvoient donner de force à leurs déclama-
» tions. Ces maux, qu'ils ont seuls appelés sur notre
» malheureuse patrie, dont ils furent les premiers auteurs
» et les complices, ils les exagèrent et en font pressentir
» de plus grands encore.

» Il ne faut pas se borner à la punition des coupables,
» mais plus particulièrement encore prévenir ces crimes,
» surtout lorsqu'il s'agit des intérêts les plus chers et les
» plus sacrés. Le Roi, Messieurs, a voulu suppléer à
» l'insuffisance des lois existantes par celle dont il m'a
» chargé de vous présenter le projet.

» C'est au nom de la Charte constitutionnelle, c'est au
» nom de toutes les lois et de celle que tous les peuples
» sont accoutumés à regarder comme la loi suprême,
» celle du salut public, que cette mesure vous est
» proposée.

» Oui, Messieurs, le Roi peut sauver l'Etat et le

» trône ; et la Charte, étant la loi qui établit la liberté
» publique et la liberté privée, lui en imposeroit le de-
» voir : il ne peut le faire sans votre appui..... LE LUI
» REFUSEREZ-VOUS ? »

Le rapport de M. Bellart, pour l'adoption du projet de loi, finissoit ainsi :

« Plusieurs hommes ne manqueront pas de gémir
» hypocritement sur ce qu'ils appelleront avec emphase
» une atteinte portée à la liberté individuelle, et de se
» jeter dans des abstractions métaphysiques pour calom-
» nier une mesure dont il n'est pas un seul homme de
» bien qui ne sente qu'elle est indispensable. Que ré-
» pondre à ces déclamateurs ? Rien......... Levez les
» yeux sur eux seulement : on peut se tenir assuré à
» l'avance qu'on n'y trouvera jamais un ami véritable de
» la Charte ni du pays ; on y reconnoîtra toujours l'un
» des hommes qui ont accepté avec tant de mansuétude,
» ou qui ont secondé avec tant de violence, le despotisme
» sanglant qu'on vit se jouer si long-temps de tous les
» droits des Français. Pourquoi se taisoient-ils alors,
» ou pourquoi rompent-ils aujourd'hui le silence ? Est-
» ce donc sous un gouvernement auquel, certes, il y
» auroit une bien atroce injustice de reprocher de l'ex-
» cès dans ses mesures, que les prétendues alarmes qu'ils
» manifestent peuvent être sincères ? Que le peuple ne
» s'y trompe pas. *Ils ne l'entretiennent de ses maux qu'a-*
» *vec la résolution de les aggraver; ils ne parlent tant de*
» *la liberté que pour la faire périr, et c'est pour l'étouffer*
» *qu'ils feignent si tardivement de l'embrasser.* Leur pu-

» nition sera dans le spectacle de la paix publique qu'ils
» n'auront pu troubler ; et l'un des moyens de la main-
» tenir, c'est l'adoption du projet de loi tel qu'il a été
» présenté. «

Tels furent les motifs mis en avant par les ministres du Roi, tels furent les rapports des commissions ; et l'on remarquera que ni M. de Cazes, ni les rapporteurs que je cite ne votoïent avec la majorité de la Chambre de 1815. Qu'on se reporte aux circonstances dans lesquelles on se trouvoit : on décidera ce que devoit faire la Chambre. Les lois demandées étoient ou nécessaires, ou inutiles. Si elles étoient inutiles, comment le ministère en présentoit-il les projets ? comment en peignoit-il la nécessité avec des couleurs si énergiques ? comment la Chambre des Pairs les approuvoit-elle ? Si elles étoient nécessaires, la responsabilité des Chambres cesse au moment où commence celle des ministres, et celle-ci date du jour où l'exécution des lois leur est confiée. S'il y a donc eu abus dans l'exécution des lois, ce n'est pas aux Chambres, mais aux ministres à répondre.

Le 8 novembre, le ministère proposa un projet de loi relatif à l'établissement des compagnies départementales. Il demanda aussi le rétablissement des cours prevôtales, autorisé par l'article 63 de la Charte. La nécessité des circonstances servit encore de base à ces deux projets, et le caractère loyal des deux ministres qui furent chargés par le ministère de les présenter à la Chambre, offrant une garantie de sagesse dans leur exécution, ils furent adoptés. La Chambre des Pairs les approuva de même.

Par l'organe de M. de Vaublanc, le ministère apporta, le 18 décembre, un projet de loi sur le mode d'élection, et ce projet fut combattu par les hommes même auxquels M. de Vaublanc inspiroit le plus de confiance. On s'éleva contre les électeurs de droit, contre le renouvellement par cinquième. Plusieurs amendemens furent proposés par la commission. Son rapporteur, M. de Villèle, démontra qu'ils étoient bien plus en harmonie avec les élémens d'un gouvernement représentatif, bien plus favorables que le projet du ministère, aux libertés publiques, aux droits de la propriété, aux véritables intérêts du peuple. La discussion fut longue ; les amendemens de la commission, adoptés, furent portés à la Chambre des Pairs, qui les rejeta.

La Chambre apprit avec douleur, mais avec calme, les sacrifices qui étoient imposés à la France par le traité de paix. Le Roi étoit remonté sur son trône ; dès lors elle crut que rien ne paroîtroit pénible à des Français : elle connoissoit leur amour pour les Bourbons. Ce fut dans cette opinion qu'elle attendit le projet de loi sur les finances. Les incon-

véniens en furent démontrés avec force. Des économies considérables furent réclamées au nom de
la misère de tous. Par conscience et par intérêt
public, on se refusa à l'aliénation des bois de
l'Etat. La commission présenta de nombreux amendemens. Le ministère se retrancha sur l'impossi-
bilité où il étoit de les adopter. Ses protestations à
cet égard furent répétées ; elles cessèrent, et il
accéda au plan de la commission le jour où il crut
voir la Chambre déterminée à le maintenir. Le
projet, amendé par les Députés, fut approuvé à la
Chambre des Pairs.

A la fin de la session , M. le duc de Richelieu
vint demander à la Chambre un crédit de 6 mil-
lions de rentes. Le seul motif qu'il présenta fut la
possibilité éventuelle de terminer ainsi plus tôt
quelques uns des engagemens contractés avec les
étrangers ; il ne fonda sa demande sur aucune
base positive ; il ne présenta d'autre garantie que
celle de son caractère connu : le crédit lui fut sur-
le-champ accordé.

Cette confiance honorable pour le ministre qui
l'inspiroit, n'étoit-elle pas en même temps la plus
forte preuve de la disposition où étoit la Chambre,
de ne trouver aucun sacrifice pénible quand il
s'agissoit des intérêts de son pays ?

Voilà les faits. Tout homme qui aura un sens
droit, et dont le cœur sera exempt de passions ,

pourra, d'après cela, juger la Chambre de 1815. Le repos de la France, l'affermissement de la royauté légitime, tel fut son but : la religion, l'honneur, voilà quels furent ses moyens. Tous ses actes tendirent à faire respecter le nom de Dieu et du Roi, à renforcer le pouvoir de la couronne, à rétablir des principes de morale, à maintenir toutes les libertés publiques, et à garder la foi des sermens et des traités. L'oubli du passé, le véritable oubli, celui qui consiste dans une entière abnégation de soi-même, celui-là fut hautement professé dans cette Chambre, qui réunissoit dans son sein un nombre considérable de victimes de la révolution, et où pas une voix ne fut entendue à laquelle on pût reprocher un souvenir personnel, un retour sur le passé, une douleur qui ne fût pas celle de la patrie.

Cette Chambre fut exagérée, dit-on. L'exposé fidèle que je viens de tracer mettra chacun à même d'en juger ; et j'observerai simplement que, pendant une session de huit mois, quand il ne lui étoit pas donné de faire taire l'opinion, puisqu'elle n'avoit aucun pouvoir, qu'aucun de ses membres n'étoit dans le gouvernement, qu'aucun d'eux ne remplissoit de fonction importante dans l'Etat, on n'a pas entendu de plaintes s'élever contre elle, et la tranquillité de la France n'a pas été troublée. Je dirai encore qu'ils ne furent pas jugés exagérés par leur pays ces hommes qui, malgré l'anathème dont les frappa le ministère dans de nouvelles élections, en dépit de tous les moyens employés contre eux, revinrent une seconde fois honorés du suffrage et de la confiance de leurs concitoyens.

J'ai prouvé que les lois d'exception, qu'on attribue sans cesse à cette Chambre, sont le propre fait du ministère. S'il y a un vice au sujet de ces lois, je le répète, il ne peut se trouver que dans l'existence même de la loi ou dans son application. S'il est dans l'existence de la loi, pourquoi le ministre la demandoit-il au nom du salut de l'Etat? En quoi la Chambre des Pairs est-elle moins responsable que celle des Députés, qui, comme elle, n'a fait qu'approuver un projet présenté par le ministère? S'il n'y a pas vice dans l'existence de la loi, et qu'il ne soit que dans son application, certes, c'est encore moins aux Chambres à répondre : le ministre est là ; c'est lui qui, sur sa demande, fut revêtu d'un grand pouvoir ; c'est lui qui assuma une grande responsabilité.

Un coup d'œil rapide sur ce qui s'est passé depuis 1815, sur le chemin que nous avons parcouru depuis, me seroit d'un bien grand avantage, si je voulois établir une discussion ; mais il n'entre dans mon plan ni de récriminer, ni d'aigrir personne. J'ai cru qu'il étoit bien de démontrer la fausseté et l'injustice de tant de vaines déclamations. Pour y parvenir, j'ai exposé les faits tels que je les ai vus ; cela me suffit. La France rendra un jour justice à qui elle est due ; les hommes qui se dévouèrent pour elle ne seront pas méconnus par la postérité. La cause sainte des Bourbons survivra aux orages ; à des jours nébuleux mon pays verra succéder encore de beaux jours. Il est là haut une puissance du bon droit, plus forte que l'incurie ou la perfidie des hommes. Elle fait sa part à chaque position de la vie ; elle ne donne pas toujours le bonheur comme récompense d'une conduite pure ; mais elle laisse à l'infortune la paix d'une conscience tranquille, le courage et l'espérance.

CASTELBAJAC.